D0453179

POUR LES AMANTS

DU MÊME AUTEUR

Chez le même éditeur

Projet d'écriture pour l'été 76
La Traversée/le regard (sous le pseudonyme d'André Lamarre)
Persister et se maintenir dans les vertiges de la terre qui demeurent sans fin
Interventions politiques
Pirouette par hasard poésie
Enthousiasme
Du commencement à la fin
Propagande
Feu précédé de *Langue(s)*
Blessures (Prix Émile-Nelligan)
Peinture automatiste précédé de *Qui parle dans la théorie ?*
Le Temps échappé des yeux. Notes sur l'expérience de la peinture 1980
Mystère
La Passion d'autonomie. Littérature et nationalisme
Toute parole m'éblouira
D'où viennent les tableaux ?
Je suis ce que je suis
François
La Vie n'a pas de sens
Le Fait de vivre ou d'avoir vécu
La Chambre des miracles
La Fragilité des choses
Le Monde comme obstacle
La Beauté pourrit sans douleur suivie de *La Très Précieuse Qualité du vide*

Autres éditeurs

18 assauts, Collection Génération (France)
Au « sujet » de la poésie, l'Hexagone
Littérature/obscénités, Danielle Laliberté
La Beauté des visages ne pèse pas sur la terre, Écrits des Forges (Grand prix de la Fondation des Forges et Prix Air-Canada)
L'Intraduisible amour, Écrits des Forges

FRANÇOIS CHARRON

Pour les amants

poésie

LES HERBES ROUGES

Éditions LES HERBES ROUGES
3575, boulevard Saint-Laurent, bureau 304
Montréal (Québec) H2X 2T7
Téléphone : (514) 845-4039

Illustration de couverture : Andrew Wyeth, *Wind from the Sea*, 1947
Illustration intérieure : Lilo Raymond, 1977
Photo de l'auteur : L. Perugi
Photocomposition : Sylvain Boucher

Distribution : Diffusion Dimedia inc.
539, boulevard Lebeau
Saint-Laurent (Québec) H4N 1S2
Téléphone : (514) 336-3941 ; télex : 05-827543

Dépôt légal : troisième trimestre 1992
Bibliothèque nationale du Québec
Bibliothèque nationale du Canada

MÉMOIRE ÉTERNELLE

Le ciel désire la terre, le ciel est une pierre au bout de mes doigts. Je relève la tête, le jour est nu. Je te dis que tu es belle, que ton visage est doux, inépuisable. Le monde qui reste ouvert a oublié que nous sommes là. Derrière la brume, les montagnes sans pays dessinent une mémoire éternelle.

DES TRACES DE DOIGTS
DANS LA POUSSIÈRE

Mes yeux se remplissent d'une joie soudaine. Je me souviens du plus simple. Tu pousses un profond soupir, l'absolu s'assemble à nos côtés. On décèle des traces de doigts dans la poussière, l'eau d'une rivière se transforme en nuages. Avant d'aller dormir, nous écoutons ce que le silence dit pour nous.

QU'EST-CE QUE LA VOIE ?

Au loin, on distingue un homme qui marche noncha-
lamment. Son corps est léger, la clarté se dépose sur
son visage. Il va de commencement en commencement, il voit se marier les vagues avec la plage.
Son vrai chemin demeure toujours présent.

EN CONTEMPLANT UN MUR

Quelqu'un parle avec de grands gestes, une petite fille saute à la corde, arrive une odeur saline. Tu me prends par le bras, tu me signales un seul goéland qui plane au-dessus de nos têtes. Notre regard s'allume devant un mur, quelque part une vitre se brise. C'est toujours la même surprise qui fait trembler nos lèvres. Nous adhérons à l'origine en étreignant le jour qui n'a plus de nom.

L'AIR À TRAVERS NOUS

Le dénuement parfait de l'air nous redonne à nous-mêmes. Le jour se couche parmi les pins, tu me déclares que tu aimes. Le rayonnement de la création coule dans tes doigts, je sens ton cœur battre depuis des millénaires. De la paille n'a pas encore été brûlée, le ciel bouge indéfiniment, nous changeons de visage en nous caressant. La vie reste simple et insaisissable.

LA DOUCEUR QUI VIENT DE NAÎTRE

Ta peau blanche est une pensée qui s'ignore, ta peau blanche baigne au sein du silence. Un chien aboie, une route se perd à travers les champs endormis. Nous sommes entourés d'objets familiers, je te mordille l'épaule, tu t'allonges sur un drap en refermant délicatement les paupières. Je mets mes mains sur ton corps, un ange reste attentif, il n'y a pas de distance en nous. Nous nous glissons dans l'éblouissement de la nuit.

L'INCONNU

La ville sent l'été, on perçoit des bruits de pas sur le trottoir. Une veste est suspendue au dossier d'une chaise de fer. Nous découvrons une lenteur utile, nos mouvements dans l'espace atteignent l'inconnu. Le sens perdu rêve à l'immensité qui nous rend vivants. Tu me montres le visible au lieu d'en parler, ce qui fut dit se répand en poussière le long des chemins. Au plus secret de soi, personne ne nous attend plus, tout est pardonné. L'un près de l'autre nous devenons les constellations du soir.

NOTRE SILENCE

Nous avons passé une partie de la journée à l'extérieur. Du linge fraîchement lavé sèche sur une corde.
C'est sans doute encore le soir. Notre esprit n'est
presque plus rien dans la pâleur de la pièce. Au
fond de nous, le silence nous répare parce qu'il n'a
pas d'être.

DEMAIN

Le disque éclatant de la lune nous distrait un moment. Le soir de plus en plus grand se glisse entre les toits. Un chat n'ose pas vraiment s'avancer. La terre tourne au milieu d'un rêve, nous pouvons dire je sans but ni projet. Tu me chuchotes une phrase en me regardant droit dans les yeux. On entend passer un train là-bas, la houle soulève tes cheveux, un lampadaire bourdonne. Tout nous semble beaucoup plus proche qu'à l'ordinaire. Demain, quand on se désire, est une absence d'un blanc très pur.

LE CŒUR QUOTIDIEN

La poésie habite l'univers. Un vieux calendrier demeure accroché au mur. Je continue à sentir ton parfum. Nous passons un long moment à admirer la transparence d'un verger. Personne ne nous a vus. Le dehors, à cette heure-ci, est un cri d'oiseau heureux d'être oublié. L'essentiel nous est toujours donné. Le soleil luit sur la plaine. L'ange de la perte respire la connaissance et la paix. Notre cœur s'entrouvre pour que nous comprenions par nous-mêmes.

L'ESPACE AMOUREUX

Ta chambre est tapissée de livres. Notre imaginaire s'évade au fond d'une étreinte. Une autre façon d'amadouer la matière se réveille. La mémoire elle-même ressemble à un objet qui a cessé de nous appartenir. Je dis que le monde sans ta voix n'est plus qu'une idée minuscule. Je dis que la somme de tous les désirs a besoin d'une limite qui meurt en notre présence. À chaque instant la naissance de l'amour est notre histoire tout entière.

SENSATIONS

Un écrivain nous parle de la souffrance qui circule entre les êtres, les nuages sans conscience se défont comme avant. Tu me fais une confidence à l'ombre d'un énorme tilleul. Je retrouve un sentiment d'enfance dans l'éclat de tes yeux. Nous commentons les événements de la journée, nous évoquons des amis, nous plaisantons, il y a de la place pour chaque chose. Des voyageurs indifférents alimentent un brasier en face de l'océan. Je sais qu'un jour on ne se reverra plus. Au fond, je n'accorde de véritable importance qu'à l'ivresse qui remonte comme un chant dans le plus intime de notre chair.

OUBLIER

J'ai envie d'être seul. À nouveau du temps s'est écoulé. Une femme a ouvert son parapluie rouge. Un premier camion passe sur la route. Dans un bistro, on met les chaises sur les tables. La situation change facilement. En m'éloignant à un pas de tout, je délaisse une version trop connue de la terre. Je sais que nous n'aurons été qu'un souvenir, qu'une attente au bout d'une allée, et que mon travail est d'oublier.

LA LIBERTÉ EST DIFFICILE

La liberté est difficile. Les gens souffrent de ne pas se ressembler. Hier se maintient devant nous. Le temps est un mot qui appelle la voix de notre mère. Une voiture vient d'allumer ses phares. Un piéton se retourne. Je ne termine pas une phrase. Le poème se détruit lui-même. Je dis les choses comme ça, en passant, sans insister.

TA VOIX A CHANGÉ

Sur le chemin du retour, ta voix a changé. Je réfléchis aux paroles que tu m'as dites. Il a cessé de pleuvoir depuis ce matin. Tu aimes te retrouver différente au milieu des collines, tu aimes t'abandonner au miracle inachevé de vivre. Qui pourrait mesurer ton émotion véritable, ta sensation si pure? Mois je crois à ton corps, moi je crois à ton mystère. Il n'y a plus une seule image valable. Le vent qui se lève est plus intelligent que les nombreux savoirs.

J'OUVRE ET JE REFERME UN LIVRE

Je longe une palissade de bois. La douceur de l'atmosphère est comme une autre demeure que l'on traverse sans y penser. Le vent qui me frôle me rappelle une splendeur lointaine. Parfois, je croise des êtres que je ne comprends pas. Le climat évolue à la surface du globe, il revient en face de ma maison. Encore une fois, j'ouvre et je referme un livre, et c'est l'éternité qui tremble. À la fin, chacun d'entre nous retourne à l'expérience de personne.

RESPIRER

Le ciel couvert annonce une tempête. On entend tonner au loin. Je songe à la coupe de vin que tu as renversée sur la nappe. La radio joue une musique lancinante. Nous nous sentons exubérants, nous avons tout notre temps. Tu t'allumes une cigarette et me parles de ton avenir. Notre souffle est une aventure à la fois ancienne et très proche. Nous pouvons encore accueillir ce qui naît comme au premier jour du monde.

LA PURETÉ

La pureté se laisse prendre au dépourvu. La pureté
va au fond de toute logique. La pureté franchit la
fixité de l'obstacle. Une vérité se déplace presque
aussitôt, on ne met pas la main sur elle. De tous
côtés, une autre lueur se détache pour notre solitude.
Être soi-même demeure intouché entre les mots.

L'ÉNIGME DE LA MORT

La proximité du visible touche du doigt le dormeur sans défense et sans rêve. L'énigme de la mort reconnaît le dormeur durant son sommeil. Nous allons là où toutes causes s'annulent. Notre existence n'aura rien quitté. Un objet immobile brille paisiblement entre les mondes.

UNE AUTRE PAROLE

Une adolescente avance en sautillant sous la pluie. Quelqu'un parcourt le journal du matin en buvant son café. Un fil traîne sur un lit. Une femme prend son amant par la main. Un morceau de ciel apparaît au bord de ma bouche. Le bonheur est une autre parole qui me permet d'aller vers tout. La vision dure à peine quelques secondes. Je me détache de moi-même sans essayer de savoir ce que je possède au juste.

SEULS IMPORTENT NOS GESTES

Tout est si lent, si unique. Nous nous rapprochons l'un de l'autre, tu commences à te dévêtir, seuls importent nos gestes. Autour de nous la réalité est une respiration devenue éclairante. Une forêt sommeille au creux de nos pensées. Je te désire constamment, mon âme est débordante d'ailleurs. Nous étions faits pour nous rencontrer.

UN SOUPIR

La richesse du vent prend soin de ceux qui passent. L'écriture me rattrape même si je m'égare. Où me voyez-vous maintenant? Les opinions d'autrui n'ont plus d'importance tout à coup. Au-delà de la question, il y a la musique réelle qui rayonne pour calmer notre inquiétude. Chaque expérience nous déserte, l'esprit originel a les mains nues. Un soupir me déshabille et je consens à me rendre plus loin. L'étendue qui me comble est encore à naître.

LE CIEL OUVERT DEVANT NOUS

Tu t'assois sur le gazon verdoyant. Il y a de la grâce en toi. L'origine qui ne se laisse pas enfermer dans un commencement change de sens. L'ampleur de vivre flotte de façon imperceptible sur l'horizon. Tu chantonnes amoureusement. Tu continues à me plaire. Avec toi j'imagine une fête intense dans la patience éblouie de l'été.

MARCHER SUR LA TERRE

Tu me surprends en train d'écrire sur nous-mêmes. Tu me retrouves à l'écoute de cette naïveté qui fait du monde un mystère presque trop pur. Tu saisis ma main et la poses contre ta joue. La place est vacante autour de nos corps. J'aperçois un rais de lumière qui filtre de la porte entrouverte de la salle de bains. Plus tard, nous sortons pour marcher à nouveau sur la terre.

LE RAVISSEMENT DE L'ÂME

La beauté de la création s'est retirée sur une île en pleine mer. Nos doigts se serrent, nos doigts ne veulent plus se séparer. Je perçois nos ombres muettes qui coulent entre les palmiers. L'âme de notre âme se mélange à l'air. Une montagne invisible, où que nous allions, se veut notre amie la plus chère. Notre cœur (il y a trop à faire) ne s'arrête jamais. Ta tête est appuyée sur mon épaule. De toi à moi, une dimension nouvelle apparaît. Aujourd'hui, quelque part, être seulement deux devient la réalité.

AIMER EST UN MYSTÈRE

Mes paupières se referment doucement sous tes lèvres. Renoncer à soi-même nous enfante. Ce qui
compte ici n'a plus d'identité. Aimer est un mystère
nourri par le feu. La certitude d'être vivant laisse la
porte ouverte. Nous nous amusons aisément sous le
soleil, nous buvons ensemble la fluidité du silence.
Notre conscience fascinée s'en trouve comme agran-
die.

DANS UN VIEIL APPARTEMENT

Il y a un tourne-disque dans le salon. J'ai cassé une assiette en voulant la ranger au fond de l'armoire. Tu manges une pâtisserie. Tu t'essuies le coin des lèvres avec une serviette. L'endroit se fait plus sombre. J'entends le plancher qui craque. J'ai la bouche sèche. La preuve de la vie nous croise à chaque instant, on ne choisit pas de l'avoir. Grâce à elle, tout peut être créé encore.

JE MURMURE TON NOM

Nos paroles se laissent conduire entre chair et rêve. Un balcon donne sur les collines environnantes. Déjà tu te glisses vers moi. Tu déboutonnes ta blouse, tu me souris tendrement pour te faire prendre. Je murmure ton nom si soudainement neuf. Bientôt, on le verra se dissoudre au bout du couloir. Le firmament est d'une grande limpidité. Ça sent l'herbe fraîchement coupée. Ce qui nous manque s'avère énormément utile. Comme nous sommes bien ici, comme nous sommes bien. Juste un peu d'ombre suffit pour exister.

L'ÉVIDENCE DE TON REGARD

Tout en me promenant avec toi, je songe à la beauté intacte de ton plaisir. La bonne chaleur nous couvre les épaules. Nous flânons au bord d'un fleuve, c'est dimanche, le silence se fait plus clair, plus éternel. Toutes les peurs se taisent dans l'évidence de ton regard. La profondeur à laquelle nous croyons efface le commencement comme la fin, elle ne sait pas pourquoi nous sommes au monde. Nous allons ressentir la migration du jour sans se souvenir, sans rien planifier, pour simplement assumer notre soif.

UN RÊVE BIZARRE

La place est immense. Il se met à faire froid. L'inconnu qui souffle m'emporte avec lui. J'essaie d'imaginer que les routes ont disparu. La lumière lointaine me ramène le vent. Les frontières ne sont plus rien. Nos travaux dorment. Je touche du sable. Je lance une chaussure de caoutchouc à la mer.

SOUS LA LUNE

Il se fait tard. Les sons de la nuit nous arrivent comme une autre espèce de lumière. Nos deux ombres sont la seule réponse aux questions qu'alimente le jour. Nous sommes au fond de la cour, sous les branches de l'abricotier. Là, plus rien ne nous dérange. Je te raconte le début d'un film. La lampe de la cuisine est restée allumée. Nous voyons les siècles qui avancent pas à pas pour se confondre avec la lune. Pendant un moment, on hésite sur ce qu'on doit faire. Ailleurs, de la paille scintille sans doute.

LA PENSÉE ERRANTE

La pensée errante dit l'impossibilité d'achever la connaissance. Ton ancien moi devient démontable. Tu interroges l'angoisse pour percer les mots qui te séparent de toi-même. Tu écris des poèmes pour faire place à ton cri, à son ouverture singulière. Seule est vraie cette intensité immédiatement perceptible dans le désert de la voix.

ÉTRANCE COMME LA VIE

Les mots écoutent eux-mêmes les mots. Je n'ai pas peur de me tromper. Je vais plus loin que moi. La voix touche à ce qu'il faut trouver. Le centre parle de l'absence. Je m'en vais pour que le vide me remplace. Mourir passe par ma bouche. Tout ce qui existe se réalise actuellement.

CONSENTIR AU BONHEUR

La pièce est toujours là. Tu restes allongée au même endroit. Le ciel change tandis que tu t'enveloppes dans une grande couverture de laine. J'ai remarqué ta photo d'étudiante sur ton bureau. Je m'obstine à ne pas parler. Chaque seconde se met à l'écoute de notre envie de vivre. J'approche ma bouche de ta nuque. Nos deux cœurs ne cherchent plus. Le secret que tu portes meurt curieusement entre mes lèvres.

UNE ROSE

Tu me décris la démarche des passants. Tu m'affirmes qu'une rose n'appartient à personne. J'ai mis la radio à faible volume. Elle diffuse un concert depuis au moins une heure. Le facteur sonne à l'entrée. Une fenêtre est restée entrouverte. La chaleur du dehors survient tout à coup. J'ai des sens. Je continue à te désirer. En glissant mes doigts sur ta peau, je comprends ce qu'aimer la vie veut dire.

UN SOIR D'ÉTÉ

Les terrasses sont bondées. Tu n'as pas ta montre. Tu es tout habillée de blanc. Nous sommes un peu fatigués. Une petite étendue d'herbe occupe une place dans un coin calme. Il y a des verres de bière sur la table, nous avons bu beaucoup. On se lève en riant. Le temps tourne sur lui-même. Nous nous comportons comme deux adolescents, les gens nous observent, c'est inévitable. Il y a parfois des situations comme ça.

TU ME DONNES TA CHALEUR

On sent la lenteur des nuages. Tu me laisses voir ton silence, tu me donnes ta chaleur à l'ombre du soir. L'intuition arrachée au lointain est plus forte que toute pensée. Notre amour va tout savoir de nous. Nous voulons ce que personne ne veut plus croire, nous voulons ce qui est ici et ailleurs en même temps. Des sons jaillissent de la rue. La flamme d'une bougie vacille. Nos perceptions relèvent d'un point sans force. La matière même appelle à être contemplée.

LA DÉCOUVERTE DE SOI

Écrire est un silence que nous aurions perdu. Les événements restent indécis parmi les pierres. Un même monde retombe dans la douceur ou la haine. La vérité ne nous empêche pas d'être seul. Le temps est une super-illusion. Avoir raison n'a aucun mérite. On est soi-même une invention sans limites. Il n'y a pas la nécessité de démontrer quelque chose.

LE DON DE S'ÉMOUVOIR

Il y a le jour de notre naissance. Il y a le jour de notre mort. Les gens se font toutes sortes de soucis concernant le lendemain. Une étoile venue des confins nous a rendu le don de s'émouvoir. L'univers explore notre sang. Je suis une impression qui acquiesce au but qui est là. Je continuerai à vieillir pour perfectionner mon enfance.

L'OMBRE DE LA LAMPE

Il y a encore du soleil sur un mur. Je bois mon café plus tard que d'habitude. Une draperie se soulève, elle vient frôler le bras du fauteuil. L'ombre d'une lampe s'accroît. Je ne retrouve pas mes allumettes. La sonnerie du téléphone retentit. Tu m'appelles pour me dire que tu rentres. Ton absence m'a paru bien longue. Ma vie entière s'étonne d'être à toi.

LA RÉPONSE DU VENT

Tu enlèves tes lunettes noires. Une voisine secoue
son tapis dans la cour. Le mois d'août s'approche à
grands pas. Tu vas dans le jardin. Je te vois ouvrir le
robinet du tuyau d'arrosage. Ta chatte saute sur le
sol pour te suivre. Je suis en train de me savonner
les mains. D'anciens souvenirs se désintègrent à
l'extrême limite de mon regard. La réponse du vent
grandit en moi, elle me laisse faire ce que je veux.
Après le dîner, je mets plusieurs heures à terminer
un poème.

LA PLUIE

À l'extérieur, le temps semble s'assombrir. Au bout d'un quart d'heure, il se met à pleuvoir. Je lève mon visage vers le ciel pour mieux sentir la pluie. Les incertitudes se déconstruisent au-dedans de mon corps. Tout est chant, surprise, annonciation. La nature reste disponible, la grâce me prend dans son repos. Et c'est impossible à dire.

INTIMITÉ

Au pied du divan, des pantoufles abandonnées. Le boudoir sent le frais et la lavande. Tu as les jambes nues. Parfois ta robe de chambre s'entrouvre. Je ne me lasse pas de te regarder, rien ne s'interpose entre mon désir et toi. Nous demeurons enlacés, sans bouger, en silence. Demain, nous prendrons un train en direction du Sud. Il est déjà plus de onze heures. Je songe à la chaleur bienfaisante qui nous entoure.

LA PAIX QUI ESSUIE NOS LARMES

Ce que j'appelle mourir est une chance de nous reconnaître dans ce que nous ne savons pas. Partout la preuve tangible se trouve sans fin présente autour de nous. La paix qui essuie nos larmes a la couleur ultime et imprévisible de Dieu. La grâce de vivre fouille l'éternité de chaque jour. S'aimer en aimant la lumière est notre unique raison d'être là.

VOYAGER DANS NOS YEUX

Notre planète change et demeure. Les stores ont été baissés. Une fourchette tombe en faisant un bruit clair contre le plancher. J'ai sorti ta vieille bicyclette de la cave. Tu mords dans une pomme. Je repense à tes allures de belle étrangère. Il y a tellement de choses à éprouver. Nous avons envie d'être l'innocence de tout. Nous imaginons des gestes éperdus qui ont aussitôt la transparence d'un voyage.

ON NE DIT PLUS RIEN

On se quitte soi-même. On découvre ce que l'on est en rejoignant la mobilité des mille et un ciels. Ensuite, on admire l'océan dans le noir. Le silence qui est venu nous visiter nous ramène à l'éclat d'un plus grand amour, les résistances s'écartent une à une, on ne dit plus rien. Un ange marche dans le fond du langage. Le rien engendre le calme. On s'étonne de ne pas l'avoir su.

L'INVENTION DU PASSÉ

Le feu et le vent produisent des paroles aveugles. La conscience qui nous tient lieu de guide contient des légendes. Un acte d'amour gratuit, en nous traversant doucement, glorifie nos corps. L'invention du passé est immédiate. J'œuvre seul dans la noirceur. J'essaie de ne pas penser. En voulant trop saisir le pourquoi des choses, la profondeur de la personne devient une ombre.

UNE ROBE DE SOIE NEUVE

Nous émergeons à l'air libre. Les coquelicots nous emmènent parmi les champs, midi est clair et bleu. En descendant une pente, nous titubons un peu. Tu portes une robe de soie neuve. La robe te va bien. On devine la pointe de tes seins sous l'étoffe légère. Nous nous mettons à courir, nous allons sans savoir où notre chemin nous mène. L'inexplicable chante à l'intérieur de nous. Vers trois heures, on pénètre dans un café pour se désaltérer. Les circonstances de la vie quotidienne opèrent comme par magie. Il nous arrive plein de choses amusantes. Juillet n'en finit pas de nous séduire. Le couple que nous formons trouve de la pureté dans tout ce qui fuit.

ÉVEIL SOUDAIN

C'est toujours le moment de vivre, il ne faut plus attendre. Le clef du bonheur — sa connaissance instantanée — c'est d'être ce qui n'est pas, se renouveler sans obéir au temps qui nous guette. Nous incarnons l'énigme de la musique dans l'espace. Quelques sons très délicats suffisent pour caresser l'infini.

LE PLUS DIFFICILE

En écrivant, il est un point où la société éclate comme un songe furtif; c'est l'endroit grandiose où la blancheur de la page éclaire le monde. Là, dans l'envers des choses, là, dans le vide d'une main, le don de la mort peut commencer. Mais pour cela, il faut laisser le poème venir à soi. Et c'est cela, sans doute, qui est le plus difficile.

SUR LE REBORD D'UNE FONTAINE

Une abeille danse dans la lumière indifférente. Je me demande quel jour nous sommes. La paix lointaine scintille à la racine de mon souffle. Je ne suis pas celui que l'on pense. Des phrases courtes, vacillantes, élémentaires se tiennent au pied de la chaleur aride. Rien ne nous sauve, rien ne nous contient. Nous avons besoin d'un manque au sein même de notre savoir. Assis sur le rebord d'une fontaine, l'assentiment de l'air me nourrit.

LES AMOUREUX PROTÈGENT LE MONDE

Je te prends par la taille, les plis de ta robe bougent. Notre âme d'enfance nous parle tout bas. Les secondes s'écoulent. Nous avons des yeux, nous avons des mains. Nos haleines se mêlent, tu te mets à gémir doucement. Notre corps d'avant le sens attire sur lui toute la clarté du monde, la loi qui nous invente a oublié notre place en face du miroir. Ce qu'il s'agit d'élucider brûle très lentement dans notre voix.

PARLER DE SOI

J'entends la vacuité essentielle de la rencontre et de l'adieu résonner en moi. Toutes les fautes paraissent enfin possibles. Parler de soi, c'est affirmer une évidence étrangère. Penser à ce qui se détache continûment, c'est se réveiller. Tant qu'il y aura des vocables, nous les prononcerons pour apprivoiser la pure lumière de la mort.

LA LENTE MERVEILLE DE VIVRE

J'aligne des mots calmes sur une feuille de papier.
Les aiguilles de l'horloge se déplacent toujours un
peu. À l'extrémité de la table, je regarde ton corps
et le gouffre. Tu es la seule à qui je lègue mon
secret. Il y a la chatte qui ronronne sur tes genoux.
Nous avons la sensation d'être là pour succomber à
la douceur de l'air. Des enfants reviennent de l'école
avec une chanson nouvelle. Une averse interrompt
momentanément la conversation. Cette averse ne dit
rien d'autre que la lente merveille de vivre.

UNE AUTRE SAISON

Les jours sont plus courts. Les nuits sont plus longues. Une autre saison va passer. Tu appuies ton front contre la vitre. J'ai mis une chemise de coton blanc. L'atmosphère est étonnamment tiède et parfumée. Dehors, les rues paraissent luisantes. Tu m'appelles par mon prénom. Les réverbères sont déjà allumés. La terre en nous est une joie simple et magnifique, la moindre chose nous fait rire. Je ne me lasse pas de te parler d'amour.

À L'HEURE DES ÉTOILES

Ce qui arrive continue à m'ébahir. Les étoiles gardent le silence. J'ai mis ton nom sur tout ce que je vois. Ouverte, notre tendresse se fait le témoin du monde. Les messages égarés en nous accompagnent le murmure de notre sang. Nous voici nulle part ailleurs, presque trop réels. Ta maison au crépuscule est source de prodiges. Nos yeux dans la nuit si claire ne cherchent pas d'explication.

LA VILLE S'EST ENDORMIE

Je cache la nuit dans mes vêtements. La brièveté des siècles contourne le même coffre vert. J'aperçois une petite flaque d'eau sur le parquet. Une traînée de fumée blanche s'étire dans le bleu de l'infini. Le sentiment du présent est un meuble obscur entre deux ombres. Un royaume se trouve là, derrière la porte, même si on ne le soupçonne pas. Quelque part en moi chaque événement se couvre d'or.

LA COUPURE

Nos paroles qui font revivre des morts n'auront jamais vécu. Il nous faut porter seul la coupure entre savoir et connaissance. Ce qui reste sans douleur ignore ce que c'est que d'aimer. Ma douleur est nécessaire elle aussi. L'avenir, je m'en souviens, n'est pas plus profond que mon papier. La fragilité humaine se décante pour aboutir à un livre.

UN PAYS SILENCIEUX

Je te tiens étroitement serrée contre moi. Je hume la fine odeur de ta peau. Tes pupilles avides et sans pudeur sont plus noires que jamais. Sur mon cou, il y a une minuscule trace de rouge. La fable qui nous habite se consume depuis toujours. Nous sommes au cœur d'un pays silencieux. L'avénement pur de l'été est une méditation dans laquelle s'adoucit le sens. La tendresse ne diminue pas, nos deux regards se traversent. Le temps par-dessus les siècles recommence à zéro.

ENTRE SIX OU SEPT HEURES DU SOIR

La température s'est rafraîchie, c'est la première chose que l'on remarque. Tu rinces ta vaisselle au lavabo de la cuisine. Dans la salle de bains, des serviettes sont étendues sur le séchoir à lessive. Les objets ont une surface que nous pouvons toucher. Les objets s'inscrivent sur une page comme nous. Tout arrive au milieu de l'air que l'on respire. Notre seule action a été de dire oui. Il doit être entre six ou sept heures du soir. Le travail de la douleur se disperse dans l'azur que nous ne cherchons pas.

EN CUEILLANT UN FRUIT

En cueillant un fruit, j'ai senti la perfection de l'espace. Les journées de juillet s'écoulent sans que j'en prenne vraiment conscience. Il y a des miettes de pain de répandues sur le tapis. Je crains de n'avoir pas assez d'argent pour sortir. On s'attache à trop de choses et on imagine des raisons d'espérer. Je me lève pour entrouvrir les volets. Il suffit de quelques secondes pour être très près d'une nouvelle vie. Ma présence est devenue blanche, elle laisse des trous pour un lecteur. Je dis tout ce qui me passe par la tête. Mon écriture est fille de vent.

LE DÉSIR ET LE VIDE

Je n'ai aucune idée, je reste vulnérable. La seule chose qui compte est d'être là, de recevoir la sagesse insensée du silence. La femme que j'aime rayonne en face de moi. Je la désire comme la nuit, je la désire comme le vide. Son absence est en moi, une flamme dans sa voix me l'a dit. Sa mort à l'intérieur de moi ne devient la mort de personne.

VIVRE EST UN RISQUE

Tu te demandes ce que tu vas devenir. Il te manque
une dernière réponse. Des paroles mortes cherchent
à te voler ta propre place. Tu te promènes dans la
campagne alentour. La tristesse qui te voit douter te
fait chuter en toi-même. On ne peut rien faire, on
doit avoir de la patience. À l'aube, la nature qui se
réveille t'apporte à nouveau la preuve de la joie.

LA CURIOSITÉ HUMAINE

Là où l'on se trouve, le soleil a faibli. Toujours l'être est donné à l'être. Partout l'œuvre de l'oubli chante la source intarissable. Tu écoutes, tu écris, tu prends des notes. Les mots savent et ne savent pas qui tu es. La curiosité humaine va là où elle ne peut aller. Tu profères le nom lointain qui retourne au souffle froid de la terre.

SÉRÉNITÉ

La senteur du sol mouillé... L'indulgence d'un ciel
serein... La réalité vivante nous voit nous parler. Tu
as mis du rouge à tes lèvres, tu m'ouvres tout grand
les bras. Il y a dans l'atmosphère des insectes
brillants. L'acte ultime de s'abandonner est notre
véritable origine et notre seul pays. Le jour qui tombe
n'a pas peur de mourir, on le saisit tout de suite, on
est réconforté de concevoir cela. Le reste peut bien
attendre.

LE SEUL FAIT D'ÉCRIRE

Le vent la nuit. L'unité de ton être. L'abîme avant toi, l'abîme après toi. L'éphémère et toi-même ne faites qu'un. Tu acceptes de ne pas être compris. Tu es devant le lieu de tes pensées, ton image au fond de l'autre a fermé la porte à clef. L'Humanité qui a voulu posséder ton esprit n'est plus qu'un grand langage. Tu ne quittes pas la nouveauté impersonnelle de ton regard. Cette immensité qui se ravive en toi te sépare de toi en voulant se connaître. Il y aura encore et toujours un choix à perdre pour s'unir à la détente de la nuit.

ÉMERGENCE DU DEHORS

Entre les heures se déposent des expériences inouïes que jamais personne ne sait considérer. La compassion qui déplie le cœur nous laisse accéder au jour. Au bout de mes doigts, je discerne les bruits neufs d'un territoire que nous n'habiterons pas. À la surface de l'été qui nous comprend et nous apaise, ma propre présence se déploie comme une autre chaleur.

LE DÉSIR D'ÊTRE À TOI

Tu devines à quoi je pense. Tu fais l'éloge d'une cité majestueuse où vient s'épancher la mer. Nous sommes déjà à la fin du mois d'août. L'été a passé trop vite. En me baissant, je récupère une pièce de monnaie au pied de ma chaise. Aujourd'hui je me suis habillé pour te plaire. Le désir d'être à toi sonne très doucement au milieu d'une terrasse. Sans le savoir, les amants qui se veulent du bien voient beaucoup plus loin que tout.

POURQUOI UN ÊTRE ?

Ta propre voix. Ton propre sang. Comment savoir ce qui se passe chez un être ? Le rythme est l'esprit même. L'arborescence de la mémoire devient limpide, on ne peut rien fixer. Il faut consentir à ce flottement interminé, indéfini. Les chemins en nous ne sont traduisibles dans aucune langue.

TOUT CE QUE TU ES

De l'autre côté de la rue, un rideau métallique
s'abaisse devant la boulangerie. C'est l'heure de la
fermeture. Tu viens tout juste de tailler les rosiers,
nous avons décidé de rester ici. L'espace s'est
resserré autour de notre amour. Je me penche sur
ton épaule, je m'appuie à ton dos. Tu ne cesse pas
de sourire, tu te rapproches un peu plus de toi-
même, ta présence est un cristal. Sous l'éclairage de
la lampe, je prends plaisir à te lécher les doigts.

LA TERRE DE CHAQUE INSTANT

Aujourd'hui, c'est peut-être dimanche. L'invisible qui n'a pas de longueur invente le jour qui passe en nous comme un aliment. Une vieille dame s'est arrêtée devant ta porte, elle se repose un peu. Le soir ininterrompu est rose et gris au-dessus de la ville. À la fenêtre, une femme que nous n'avons jamais vue nous observe fixement. Nous sommes faits pour refléter l'éternité intacte et sans mémoire, nous sommes faits pour célébrer la terre de chaque instant et connaître le bonheur. Unie à la ligne du vent, notre chance inexplicable a besoin de fort peu.

LA NUIT EN MOUVEMENT

J'éteins toutes les lampes. Le nombre des années reste seul. Un coffret se trouve caché au fond d'une armoire. Une émotion presque trop pure se mêle à nos fibres qui chantent. Je te regarde avec passion, je ne vois que par toi. Notre si tremblante identité cède à la clarté des sens. Nous n'avons plus d'âge maintenant. La beauté animale nous délivre, il ne faut pas résister. Rendue à soi, la nuit en mouvement est plus forte que toute possession.

LE CORPS QUI PENSE

Tu me demandes de faire attention à moi. La bonté réelle est une connaissance illimitée au centre de ton regard. J'essaie de me rappeler comment j'étais un an auparavant. Tu me donnes un baiser à la tempe. Sous nos doigts, un dernier mot nous sépare. Nous voulons disparaître ensemble et ne plus rien avoir. Nous voulons sentir vibrer l'innocence entre l'esprit et la chair. Une confiance d'enfant nous mène au bout de notre propre énigme. Mourir dans cette profondeur atteinte ne nous appartient pas.

ÉLOGE DU VERTIGE

Nous allons au lit pour essayer de dormir. L'appartement est devenu silencieux. Je presse tes seins merveilleux en imaginant le ciel de ta vie. Ensuite, j'embrasse le bout de ton nez et nous nous mettons à rire. Un voyage sans fin apparaît dans nos gestes si tendres. Un voyage sans fin nous fait visiter d'autres parties encore inexplorées du monde. Nous ne cherchons pas à comprendre notre folie, le vertige en naissant est la plus grande révélation. Notre seule existence, aussitôt lumière, se trouve libre quelque part.

LA PURE PRÉSENCE DE L'ANGE

Une valise est restée ouverte. Le rideau de l'être se déchire. La netteté du visible se resserre devant nous. Nous traçons des signes sans dénouement, nous cheminons vers une vérité autre. Nos rêves (leurs pas légers) servent à quelque chose. Entre le passé et l'avenir, être soi-même dépend d'une continuelle naissance. Une éclaircie est venue, l'heure se recueille, nulle voix ne répond. Une puissance inverse disperse ces observations. Au bout d'une longue attente, je ne renie pas la pure présence de l'ange.

TOUT EST BIEN

Je me tiens debout telle une flamme pour faire apparaître le son nouveau de l'évidence. Le feuillage des grands chênes se balance, un papillon s'incline au gré du vent. L'événement de la nature nous a été confié pour nous permettre de créer. Un cahier rempli de notes traîne négligemment sur la table. J'examine mes rides dans une glace, je feuillette les journaux, le matin demeure voilé de brume. Tu ne dis pas un mot, tu es en train de réfléchir. Je me sens de bonne humeur, rien ne compte vraiment, ta façon de réfléchir te rend encore plus attirante. Tu vois, je reste auprès de toi. Et le soleil comme une surprise peut venir.

IMAGINE

Nous nous fabriquons des histoires parce que nous sommes mortels. Se voir, c'est éprouver sa propre solitude en s'unissant profondément à elle. Ne plus rien désirer engendre une autre forme de conscience. Parler du réel n'est pas comprendre, il n'y a rien de comparable, l'essentiel ne se trouve dans aucun livre. Ton sexe comme une source subsiste dans mes rêves pour chanter la beauté. Le sens du mot amour, au bord du vide, est sans cesse à refaire.

LA PLUS GRANDE ÉVIDENCE QUI SOIT

Le silence nous laisse venir jusqu'à nous. Pour le moment, je ne souhaite rien. Je froisse du papier (comme est pauvre le papier). Flotter au-delà d'une histoire ne me fait pas peur. Mon avenir est comme une trace endormie sur la transparence de l'eau. Jusqu'à la fin, nous aurons transporté nos vieilles convictions sans rien avoir su. Tout ce que nous aurons voulu préserver sera subitement perdu. Nous trahirons le dessein de l'Humanité dans la plus grande évidence qui soit.

PAYSAGES NON LOIN DE LA MER

Tu retires ta veste. Il y a des cyprès en bordure de la route. Un couple fait halte en face d'une ville afin de se souvenir. Un vagabond qui survient leur demande l'aumône. La mémoire cristalline n'est peut être qu'un sentiment. Tu clignes un instant des paupières. Du sable se répand contre la chaussée. Le soleil et la mer nous font déambuler à l'intérieur d'un autre temps. Nous sommes vraiment impressionnés. L'harmonie des paysages nous enivre.

IVRESSE

J'ai rangé mes affaires dans la pièce d'à côté. La plénitude de la lumière se pose sur la courbe de tes seins. Avant le bruissement de ta voix, je n'existais pas encore. Un ange se révèle, il veille éternellement autour de nous. Les mirages de mes craintes sortent de moi, mon âme enfin affranchie se dépense en entier. Je lèche ton sexe avec lenteur, je touche à l'être de ton être, je veux te voir nue. Notre amour qui s'épanouit engloutit tous les messages du monde, notre amour qui nous retrouve nous rend à nous-mêmes notre vie. Sans bouger d'ici, nos corps volent.

LA SURFACE D'UN LAC

Le visible qui émerge d'un point immobile du temps crée la gravitation et le vertige. Ces avenues où nous marchons avec nos paroles ne nous demandent rien. Une antique blessure se réveille puis se rendort. Une chaloupe dérive à la surface d'un lac. La balle qu'un enfant a lancée roule sur l'herbe, puis s'arrête. J'ai surpris mon reflet dans une vitrine et je ne me suis pas reconnu. À l'aide d'un crayon bleu, tu dessines le firmament qui vient se pencher sur la grève. Nous nous aimons tous les deux, je le dis simplement. Nous voyons remuer l'extrême humilité d'une prière dans le nom de toute chose.

ÉTRANGE ENCHANTEMENT

La même ouverture, une fois de plus, se déploie sans être identifiée comme telle. Le même néant se clarifie et me redonne une place au mitan de mon souffle. Ta bouche vient se poser sur la mienne, le poids des difficultés se désagrège. Nos espoirs sont des grains de sable aux confins du ciel, nous restons fidèles à l'incandescence de la matière. Le centre, en tombant, fait irruption vers nous ; on ne cesse pas de glisser dans la blancheur de la mort. L'aurore qui va poindre aura traversé l'étendue de notre visage.

UNE RÉPONSE SANS QUESTION

Étonnement du sang qui se lève à l'aube... J'écoute
ma respiration remplir provisoirement la pénombre
de la chambre. La vision définitive qu'on aurait voulu
garder de soi provoque le malheur. Être singulier
signifie se dénouer pour affronter le désert. La poésie
qui m'envahit émerge d'une absence absolue. Je suis
déjà ma propre réponse. Il s'agit de renaître là où,
précisément, la parole va s'éteindre.

LE BIEN LE PLUS PRÉCIEUX

Je ne parviens toujours pas à cerner ce qui distingue
l'âme du corps. Un son inattendu se dégage des
ténèbres pour nous initier à l'heure des choses. Je
salue un ami qui vient à ma rencontre, je griffonne
mon nom et mon adresse au dos d'une enveloppe.
En face de chez toi, un immeuble a été repeint en
entier. Dans le clair-obscur du soir, il fait sûrement
un peu plus frais qu'hier. Quoi que je fasse, je n'ai
jamais su mentir. Je crois que la blancheur demeure
pour nous le bien le plus précieux.

AIMER EST UN ACTE

Une même vibration nous amène précautionneusement avec elle. La vie éblouie se fait aussi mince qu'un fil. Aimer est un acte qui ne veut rien être. Je suis capable de donner ce que je possède en moi, tout est présent dans le doux tremblement du bonheur. Il faut lire le bonheur très lentement, en sachant le reconnaître quand il se montre. À partir de là, nous pouvons aller et venir à travers nous, sans porte et sans chiffre, le cœur démesuré, ivre de la plus jeune clarté.

ACCUEILLIR

Haleine des étoiles... Charité des vastes espaces...
J'ai travaillé aussi loin que possible de moi. Ma
pensée a pris conscience des secondes, des années,
des siècles, et l'intraduisible s'est mis à revivre sous
chacun de mes pas. J'ai écrit ce livre pour me défaire
des commencements et des fins prévisibles, j'ai écrit
ce livre pour les amants qui font des miracles. Là
où, enfin, nous ne savons plus ce qui doit être, la
plus vive émotion entre en nous pour nous accueillir.

TABLE

Cet ouvrage a été achevé d'imprimer
aux Ateliers graphiques Marc Veilleux
à Cap-Saint-Ignace en août 1992
pour le compte des
Éditions Les Herbes rouges

Imprimé au Québec (Canada)